Inhalt

So wird's gemacht ...

Befestigen des Werkstücks

Zu Hause

Besorge dir ein Klemmbrett (alternativ Schneidebrett und Briefklammer). Lege deine Fäden auf das Schneidebrett und befestige alles mit der Briefklammer. Noch besser halten die Fäden, wenn du sie einmal oben um die Klammer führst und auf der anderen Seite einklemmst.

Unterwegs

Wenn der Anfang bereits gemacht ist, kannst du das Band auch mit deinem neuen Bändchenhalter oder einer einfachen Sicherheitsnadel an einer Tasche oder deiner Jeans festmachen. So kannst du im Freien oder unterwegs in der Bahn knüpfen.

Hilfsmittel

Alternativ zu einem Klemmbrett oder einer Sicherheitsnadel kannst du die Fäden auch mit Klebeband auf einer Tischplatte befestigen.

Eine Schere brauchst du um die Fäden abzuschneiden.

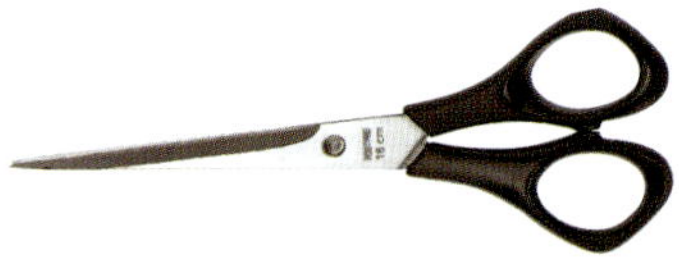

Eine dicke Nadel ohne Spitze brauchst du zum Auftrennen von Knoten.

Mit einer Sicherheitsnadel kannst du auch unterwegs dein Band befestigen und weiterknüpfen. Den beiliegenden Bändchenhalter kannst du hierfür perfekt verwenden.

Material

Dieses Set enthält Stickgarn, was sich prima zum Knüpfen eignet. Du kannst deine Freundschaftsbänder aber auch mit Baumwollgarn knüpfen.

Knoten für Freundschaftsbänder

WICHTIG: Jeder Knoten besteht aus zwei Einzelknoten. Die Richtung des Pfeils im Symbol gibt den Verlauf des Knüpffadens an.

Rechts-Rechts-Knoten ↘

1 Der rechte Faden ist der Haltefaden. Den Knüpffaden (linken Faden) darüber legen, um den Haltefaden schlingen und nach rechts oben herausziehen. Dabei den Knüpffaden so lange nach oben ziehen, bis der Knoten am oberen Ende des Haltefadens festgezogen ist.

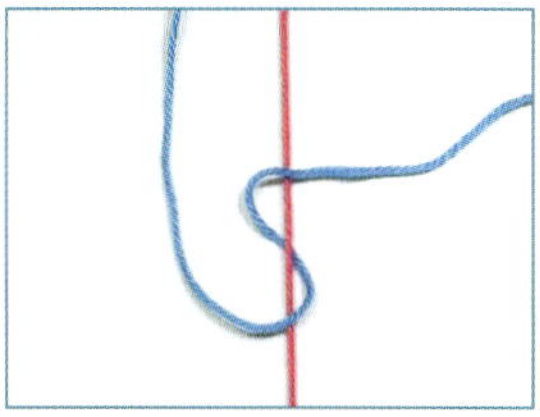

2 Den gleichen Knoten noch einmal machen, d. h. den Knüpffaden wieder auf die linke Seite legen und wie oben beschrieben, beenden.

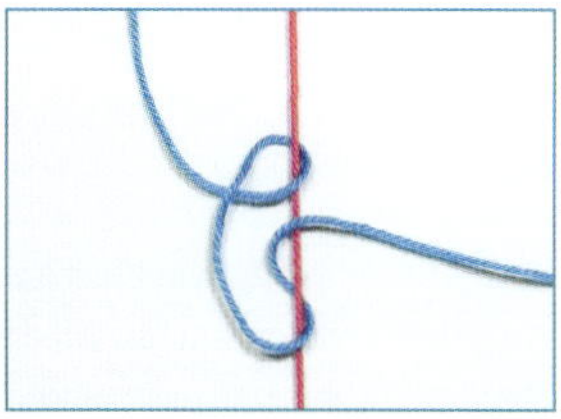

3 Zur Kontrolle: Der Knüpffaden liegt nun nicht mehr links, sondern rechts vom Haltefaden. Deshalb zeigt der Pfeil des Symbols von links oben nach rechts unten.

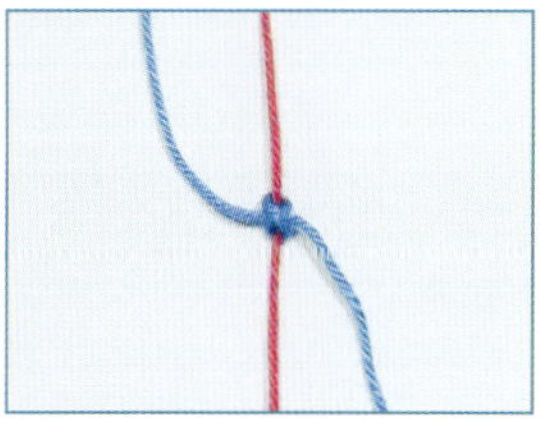

Links-Links-Knoten ↙

1 Der linke Faden ist der Haltefaden. Den Knüpffaden (rechten Faden) darüber legen, um den Haltefaden schlingen und nach links oben herausziehen. Dabei den Knüpffaden so lange nach oben ziehen, bis der Knoten am oberen Ende des Haltefadens festgezogen ist.

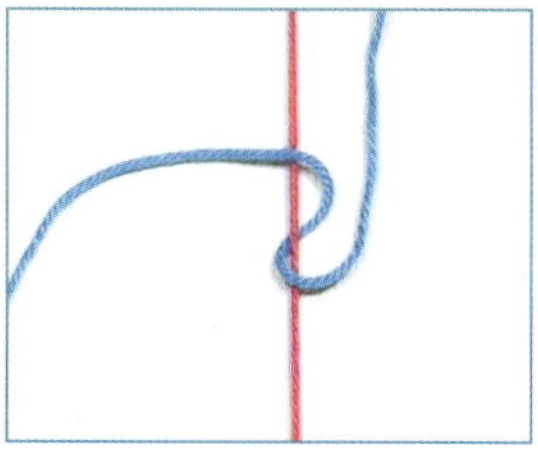

2 Den gleichen Knoten noch einmal machen, d. h. den Knüpffaden wieder auf die rechte Seite legen und wie oben beschrieben, beenden.

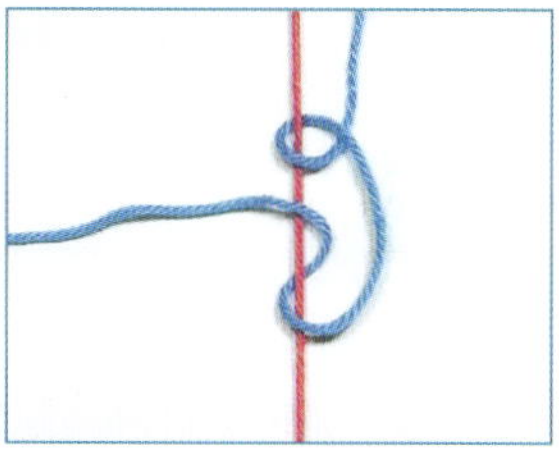

3 Zur Kontrolle: Der Knüpffaden liegt nun nicht mehr rechts, sondern links vom Haltefaden. Deshalb zeigt der Pfeil des Symbols von rechts oben nach links unten.

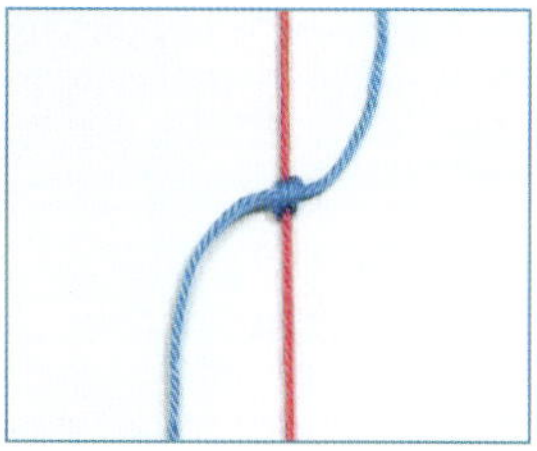

So wird's gemacht ...

Links-Rechts-Knoten

1 Der linke Faden ist der Haltefaden. Den Knüpffaden (rechten Faden) darüber legen, um den Haltefaden schlingen und nach links oben herausziehen. Dabei den Knüpffaden so lange nach oben ziehen, bis der Knoten am oberen Ende des Haltefadens festgezogen ist.

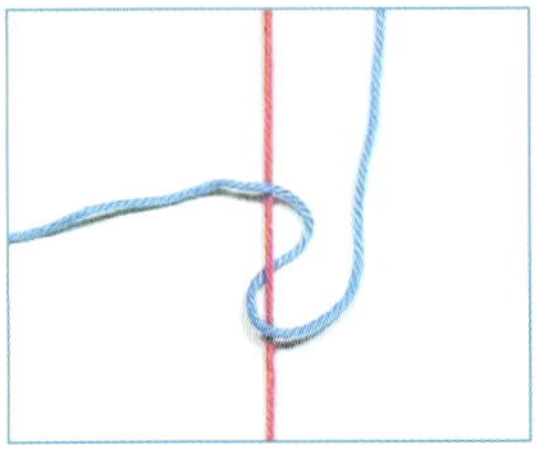

2 Nun den Knüpffaden nach rechts über den Haltefaden legen, darum schlingen und nach rechts oben herausziehen. Den Knüpffaden so lange nach oben ziehen, bis der Knoten am oberen Ende des Haltefadens festgezogen ist.

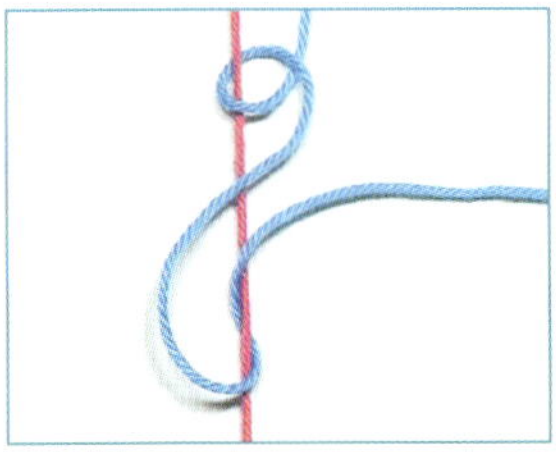

3 Zur Kontrolle: Der Knüpffaden liegt nach dem ersten Knoten links und nach dem zweiten Knoten wieder rechts vom Haltefaden. Deshalb zeigt der Pfeil des Symbols von rechts oben nach Mitte links und dann nach rechts unten.

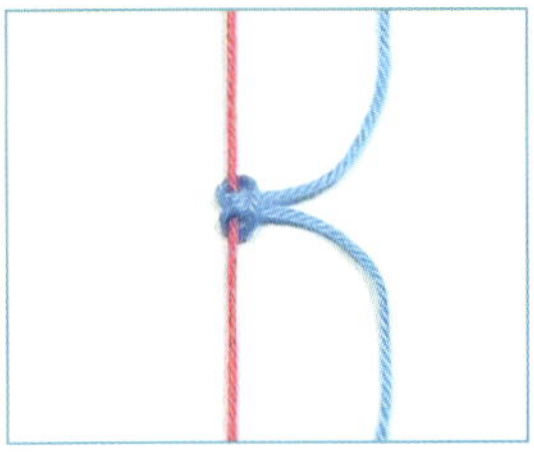

Rechts-Links-Knoten

1 Der rechte Faden ist der Haltefaden. Den Knüpffaden (linken Faden) darüber legen, um den Haltefaden schlingen und nach rechts oben herausziehen. Dabei den Knüpffaden so lange nach oben ziehen, bis der Knoten am oberen Ende des Haltefadens festgezogen ist.

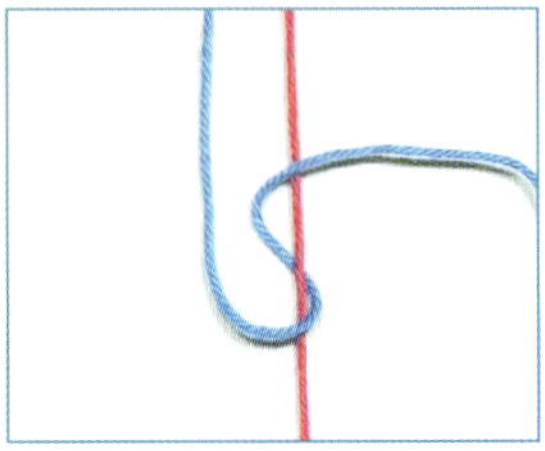

2 Nun den Knüpffaden nach links über den Haltefaden legen, darum schlingen und nach links oben herausziehen. Den Knüpffaden so lange nach oben ziehen, bis der Knoten am oberen Ende des Haltefadens festgezogen ist.

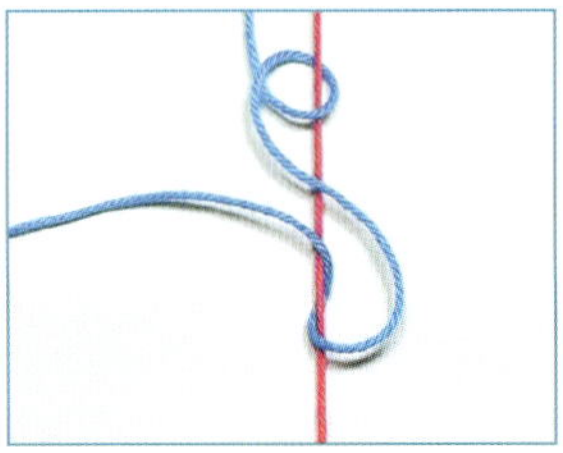

3 Zur Kontrolle: Der Knüpffaden liegt nach dem ersten Knoten rechts und nach dem zweiten Knoten wieder links vom Haltefaden. Deshalb zeigt der Pfeil des Symbols von links oben nach Mitte rechts und dann nach links unten.

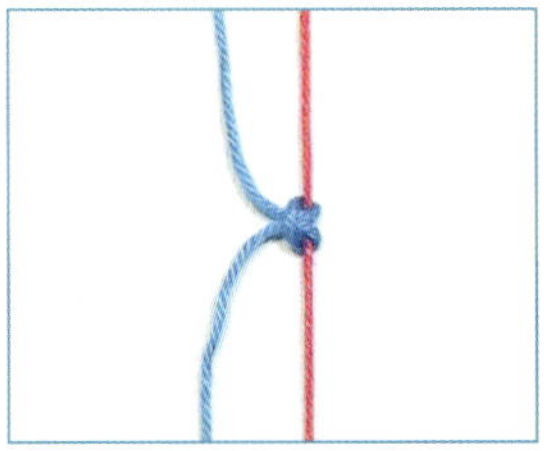

Festziehen der Fäden beim Knoten

Beim Festziehen der Fäden ist es wichtig, dass Halte- und Knüpffaden eine diagonale Linie bilden. So entsteht ein gleichmäßiges Knotenbild.

Rechts-Knoten:

Links-Knoten:

Die Fadenlänge

Die in den Modellanleitungen angegebenen Fadenlängen gelten bei normaler Knüpffestigkeit (nicht zu fest und nicht zu locker) und für eine Armbandlänge (geknüpfter Teil) von 15 cm (entspricht einem Handgelenkumfang von ca. 16 cm). Darin enthalten sind jeweils 20 cm für geflochtene Schlussbändchen (geflochten ca. 6–7 cm) auf beiden Seiten des Armbands.

Überhandknoten

Ein Überhandknoten ist ein einfacher Knoten, mit dem du z. B. alle Fäden am Ende fixierst.

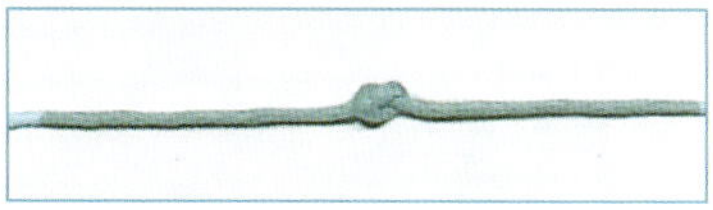

Zopf-Verschluss

Die Fäden gemäß Angaben in den Modell-Anleitungen zuschneiden. Beginne dein Armband mit dem Fixieren der Fäden mit der Klammer auf dem Brett. Knüpfe ein ca. 15 cm langes Band im gewünschten Muster. Zum Beenden des Armbands aus allen Fäden einen ca. 6–7 cm langen Zopf flechten. Danach alle Fäden zusammen mit einem Überhandknoten fixieren und die überstehenden Fäden abschneiden. Mit den Fäden am Anfang des Armbands genauso verfahren.

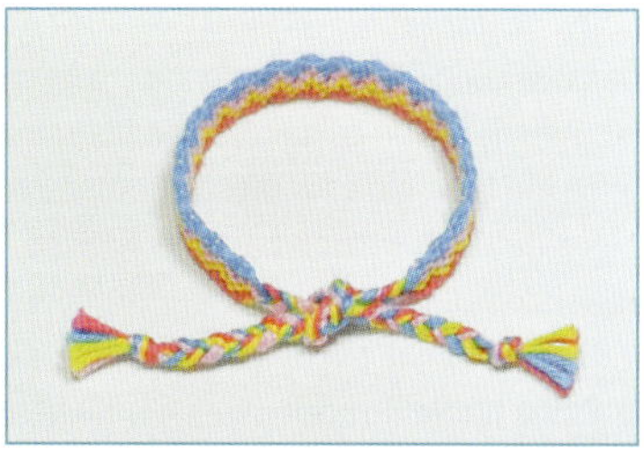

Solltest du den Bändchenhalter zu Hilfe nehmen, dann lass an einem Ende ca. 6–7 cm Fäden stehen und mache dann mit allen Fäden einen Überhandknoten. Durch diesen stichst du mit der Nadel hindurch und befestigst alles an einer beliebigen Stelle. Mit den langen Fadenenden knüpfst du wie gewohnt das Band. Wenn du damit fertig bist, löst du den Überhandknoten wieder und flechtest die Fäden zu einem Zopf-Verschluss.

So wird's gemacht ...

Lesen von Knüpfmustern

Beispiel einer Musterfolge:

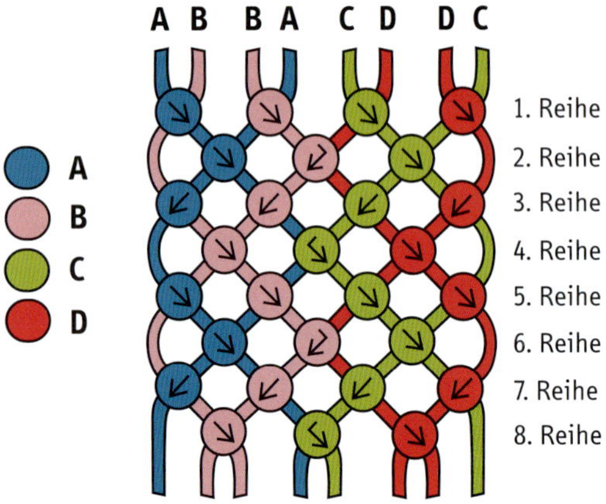

Die Kreise links geben die Farben an, die Buchstaben die Position der Fäden im Muster. Jeder Kreis mit einem Pfeil steht für einen Knoten. Er ist in der Farbe gezeichnet, in der der Knoten nach dem Knüpfen erscheint. Der Pfeil darin zeigt an, um welche Art von Knoten es sich handelt. Jeder Knoten wird mit zwei Fäden gearbeitet. Dabei wird der eine Faden gehalten (= Haltefaden) und der andere um diesen herum geknüpft (= Knüpffaden). Die beiden Balken oberhalb des Kreises zeigen die Fäden, die für diesen Knoten verwendet werden. Die beiden Balken unterhalb des Kreises zeigen, wie die Fäden nach dem Knüpfen liegen. Mit dem Knüpfen wird in der obersten Reihe begonnen und jeweils von links nach rechts Reihe für Reihe nach unten gearbeitet.

Erste Knüpfreihe

1 Mit den beiden ersten Fäden auf der linken Seite beginnen und den im Knüpfmuster angegebenen Knoten arbeiten. In unserem Beispiel wird also zuerst ein türkisfarbener Rechts-Rechts-Knoten geknüpft, d. h. der türkisfarbene Faden ist der Knüpffaden, der rosafarbene der Haltefaden. Anschließend die beiden verknüpften Fäden hängen lassen.

2 Die beiden rechts daneben liegenden Fäden für den nächsten Knoten fassen. Es wird also ein rosafarbener Rechts-Rechts-Knoten geknüpft, d. h. der rosafarbene Faden ist der Knüpffaden, der türkisfarbene der Haltefaden.

3 Wiederholen, bis alle Fäden dieser Reihe verknüpft sind.

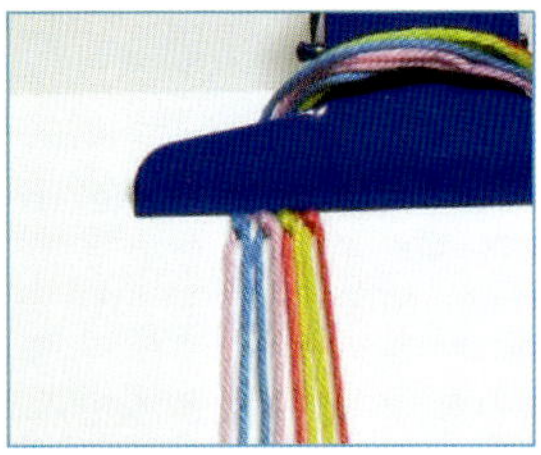

Zweite Knüpfreihe

1 Beginne wieder auf der linken Seite des Armbands. In dieser Reihe wird der erste Faden auf der linken Seite (rosa) nicht verknotet. D. h. du knüpfst den ersten Knoten mit dem zweiten und dritten Faden (Rechts-Rechts-Knoten in Türkis), ...

2 ... den nächsten Knoten (Rechts-Links-Knoten in Rosa) mit den beiden rechts daneben liegenden Fäden (Rosa = Knüpffaden, Pink = Haltefaden) und den dritten Knoten (Rechts-Rechts-Knoten in Grün). Am Ende der Reihe bleibt ein Faden übrig (pink), der, wie der erste Faden dieser Reihe, nicht verknotet wird.

Dritte Knüpfreihe

1 Mit den beiden ersten Fäden auf der linken Seite beginnen und den im Knüpfmuster angegebenen Knoten arbeiten (Links-Links-Knoten in Türkis).

2 Wiederholen, bis alle Fäden dieser Reihe verknüpft sind. Wichtig: Alle ungeraden Reihen haben einen Knoten mehr als die geraden Reihen. Dadurch liegen die Knoten der geraden Reihen in den Zwischenräumen der darüber liegenden ungeraden Reihe.

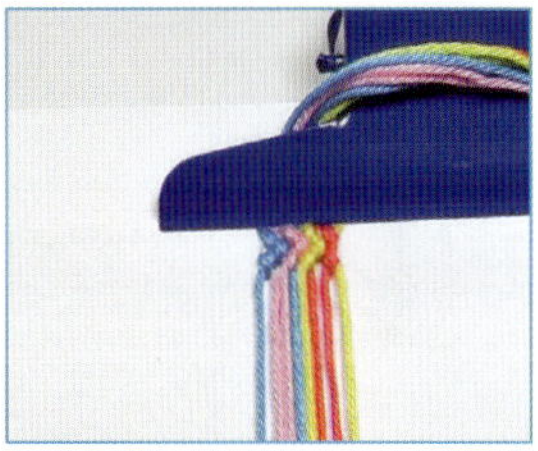

3 Die nächsten Reihen wie oben beschrieben unter Berücksichtigung der Farben und Knoten, die im Knüpfmuster angegeben sind, arbeiten. Die Musterfolge wiederholen, bis das Armband die gewünschte Länge hat. Darauf achten, dass die Knoten gleichmäßig fest bzw. locker angezogen werden. Wichtig: Die Reihenfolge der Fäden nicht vertauschen! Kontrolliere die Fäden vor dem Verknüpfen mit den Farbangaben im Knüpfmuster. Falls du doch einmal einen „falschen" Knoten geknüpft hast, kannst du ihn mithilfe einer stumpfen Näh- oder Sticknadel auftrennen.

Einfaches Streifenmuster

der perfekte Einstieg

MATERIAL

- je 1 Faden A, B, und C, 110 cm lang

Schneide unter Berücksichtigung der Angaben die benötigten Fäden zu. Die Fäden in der im Knüpfmuster angegebenen Reihenfolge auf das Brett legen und mit der Klammer darauf fixieren. Verwendest du den Bändchenhalter, dann sortiere die Farben grob vor, bevor du den Überhandknoten machst. Das Band gemäß Knüpfmuster bis zur gewünschten Länge knoten. Bevor du den Verschluss machst, prüfe nochmal die Länge des Armbandes. Zuerst mit den Endfäden, danach mit den Anfangsfäden den Zopf-Verschluss flechten.

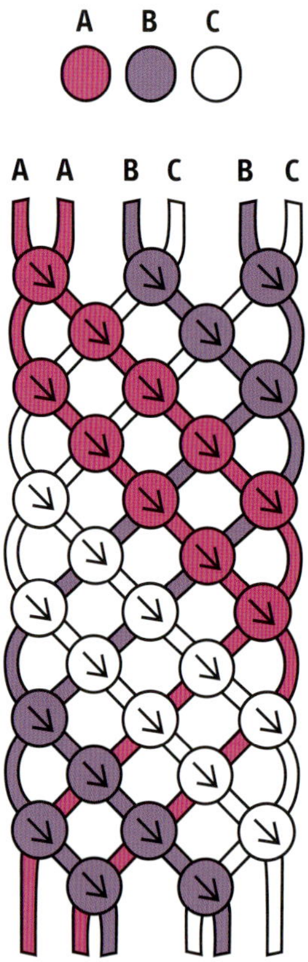

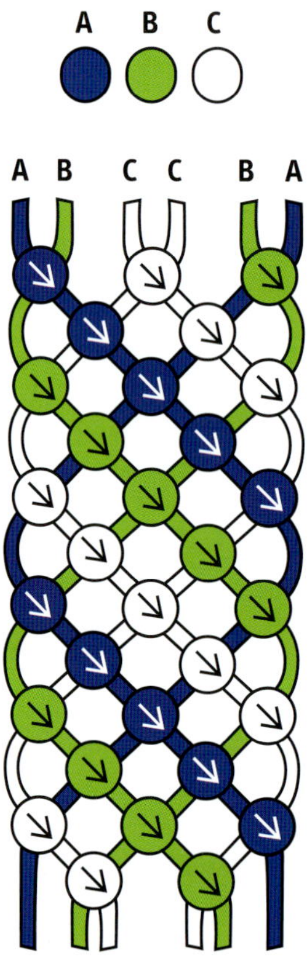

Spitzenmuster

der Pfeil gibt die Richtung vor

MATERIAL

- je 2 Fäden A, B und C, 120 cm lang

Schneide unter Berücksichtigung der Angaben die benötigten Fäden zu. Die Fäden in der im Knüpfmuster angegebenen Reihenfolge auf das Brett legen und mit der Klammer darauf fixieren. Verwendest du den Bändchenhalter, dann sortiere die Farben grob vor, bevor du den Überhandknoten machst. Das Band gemäß Knüpfmuster bis zur gewünschten Länge knoten. Bevor du den Verschluss machst, prüfe nochmal die Länge des Armbandes. Zuerst mit den Endfäden, danach mit den Anfangsfäden den Zopf-Verschluss flechten.

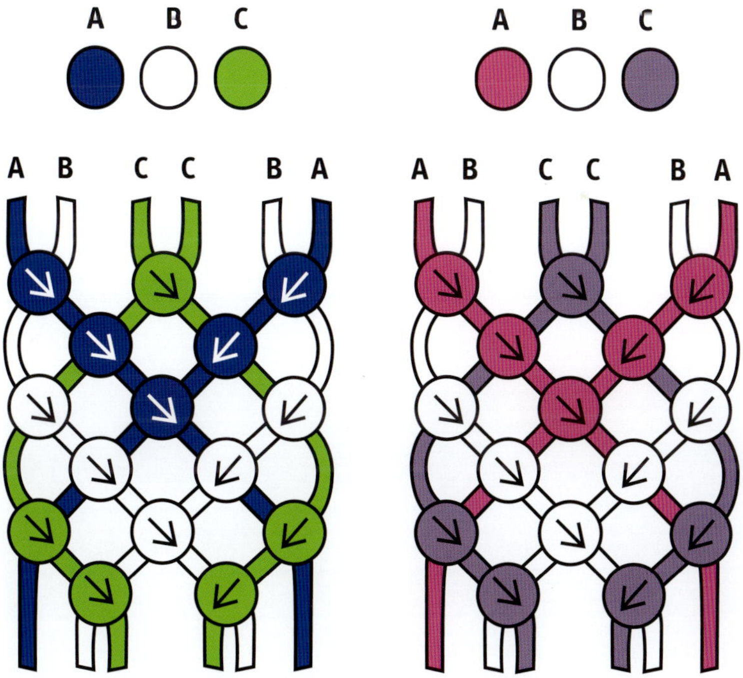

Geteilte Spitze

Regenbogen fürs Handgelenk

MATERIAL

- je 1 Faden A, B, C, E, F und G, 120 cm lang
- 2 Fäden in Weiß D, 100 cm lang

Schneide unter Berücksichtigung der Angaben die benötigten Fäden zu. Die Fäden in der im Knüpfmuster angegebenen Reihenfolge auf das Brett legen und mit der Klammer darauf fixieren. Verwendest du den Bändchenhalter, dann sortiere die Farben grob vor, bevor du den Überhandknoten machst. Die beiden weißen Fäden liegen immer in der Mitte. Das Band gemäß Knüpfmuster bis zur gewünschten Länge knoten. Bevor du den Verschluss machst, prüfe nochmal die Länge des Armbandes. Zuerst mit den Endfäden, danach mit den Anfangsfäden den Zopf-Verschluss flechten.

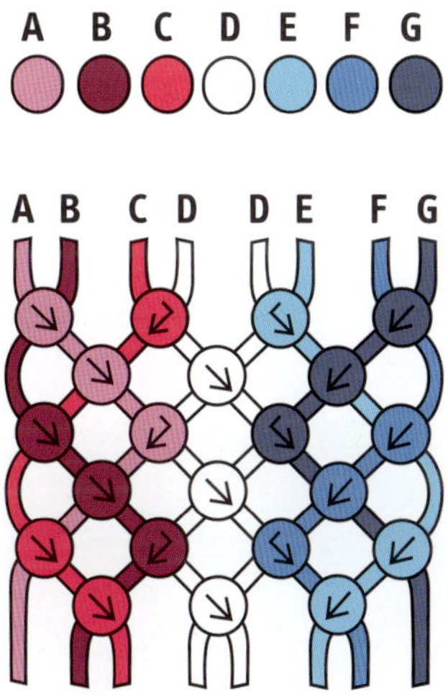

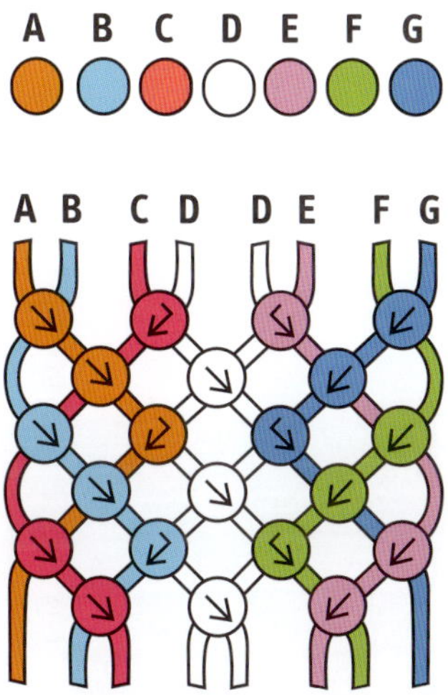

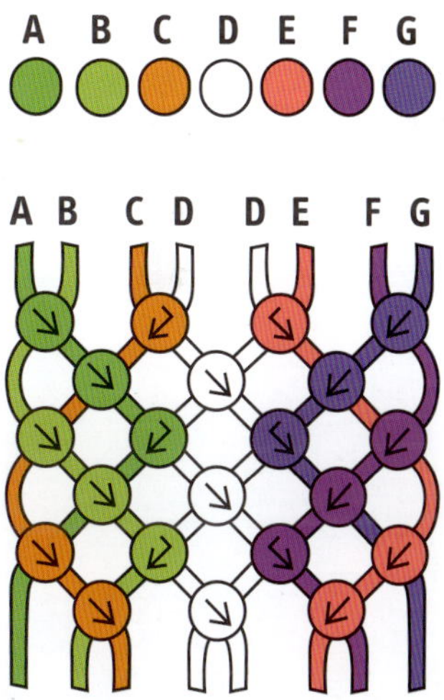

Einfaches Rautenmuster

Karo ist cool!

MATERIAL

- 4 Fäden A, 130 cm lang
- je 2 Fäden B und C, 110 cm lang

Schneide unter Berücksichtigung der Angaben die benötigten Fäden zu. Die Fäden in der im Knüpfmuster angegebenen Reihenfolge auf das Brett legen und mit der Klammer darauf fixieren. Verwendest du den Bändchenhalter, dann sortiere die Farben grob vor, bevor du den Überhandknoten machst. Das Band gemäß Knüpfmuster bis zur gewünschten Länge knoten. Bevor du den Verschluss machst, prüfe nochmal die Länge des Armbandes. Zuerst mit den Endfäden, danach mit den Anfangsfäden den Zopf-Verschluss flechten.

Tipp

Wenn du wie beim mittleren Band nur zwei Farben möchtest, dann verwende für die Fäden B und C die gleiche Farbe.

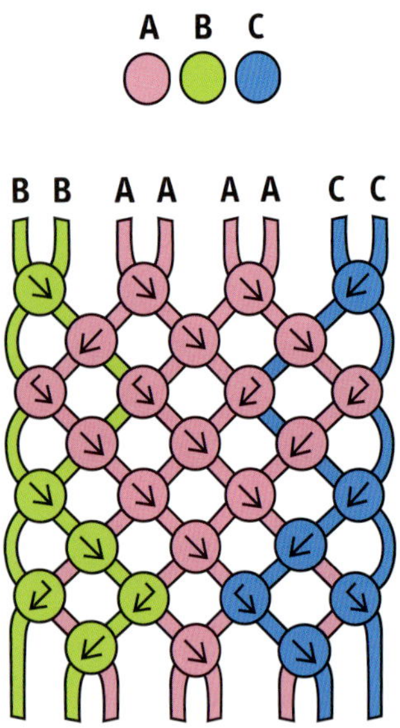

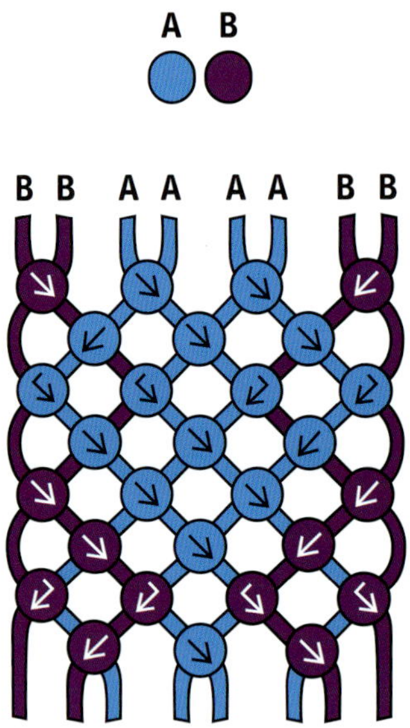

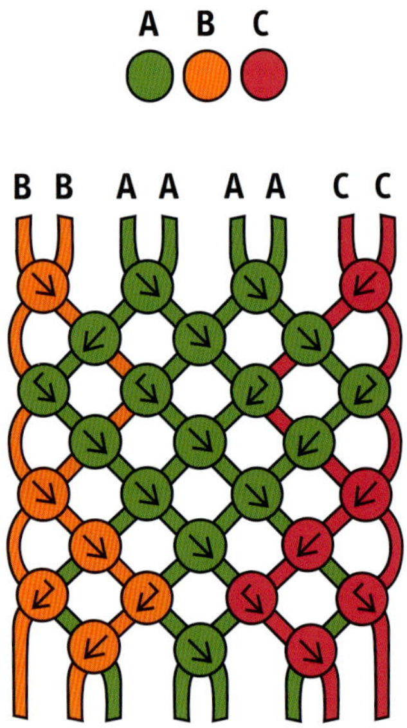

Kleine Karos

Blickfang am Arm

MATERIAL

- 5 Fäden A, 150 cm lang
- 4 Fäden B, 150 cm lang
- 3 Fäden C, 100 cm lang

Schneide unter Berücksichtigung der Angaben die benötigten Fäden zu. Die Fäden in der im Knüpfmuster angegebenen Reihenfolge auf das Brett legen und mit der Klammer darauf fixieren. Verwendest du den Bändchenhalter, dann sortiere die Farben grob vor, bevor du den Überhandknoten machst. Das Band gemäß Knüpfmuster bis zur gewünschten Länge knoten. Bevor du den Verschluss machst, prüfe nochmal die Länge des Armbandes. Zuerst mit den Endfäden, danach mit den Anfangsfäden den Zopf-Verschluss flechten.

Tipp

Für das lilafarbene Band auf dem Foto ersetzt du die Farben im Muster folgendermaßen: A = Weiß, B = Lila, C = Rosa.

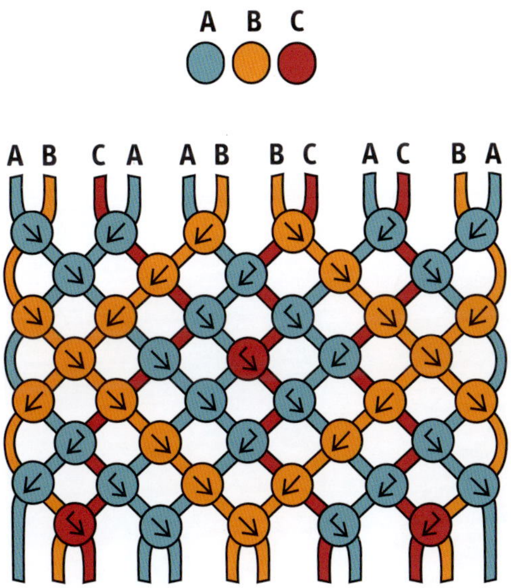

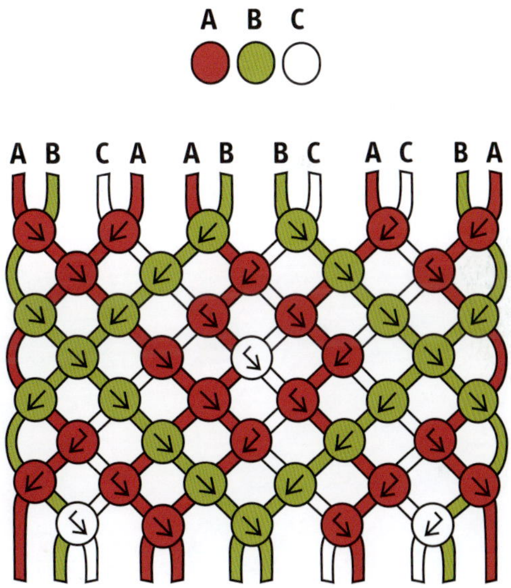

Kreuzchen mit Raute

echt raffiniert

MATERIAL
- je 2 Fäden A, B, C und D, 120 cm lang

Schneide unter Berücksichtigung der Angaben die benötigten Fäden zu. Die Fäden in der im Knüpfmuster angegebenen Reihenfolge auf das Brett legen und mit der Klammer darauf fixieren. Verwendest du den Bändchenhalter, dann sortiere die Farben grob vor, bevor du den Überhandknoten machst. Das Band gemäß Knüpfmuster bis zur gewünschten Länge knoten. Bevor du den Verschluss machst, prüfe nochmal die Länge des Armbandes. Zuerst mit den Endfäden, danach mit den Anfangsfäden den Zopf-Verschluss flechten.

Gepunktet

große Punkte für großen Spaß

MATERIAL

- 5 Fäden A, 110 cm lang
- 3 Fäden B, 130 cm lang

Schneide unter Berücksichtigung der Angaben die benötigten Fäden zu. Die Fäden in der im Knüpfmuster angegebenen Reihenfolge auf das Brett legen und mit der Klammer darauf fixieren. Verwendest du den Bändchenhalter, dann sortiere die Farben grob vor, bevor du den Überhandknoten machst. Das Band gemäß Knüpfmuster bis zur gewünschten Länge knoten. Bevor du den Verschluss machst, prüfe nochmal die Länge des Armbandes. Zuerst mit den Endfäden, danach mit den Anfangsfäden den Zopf-Verschluss flechten.

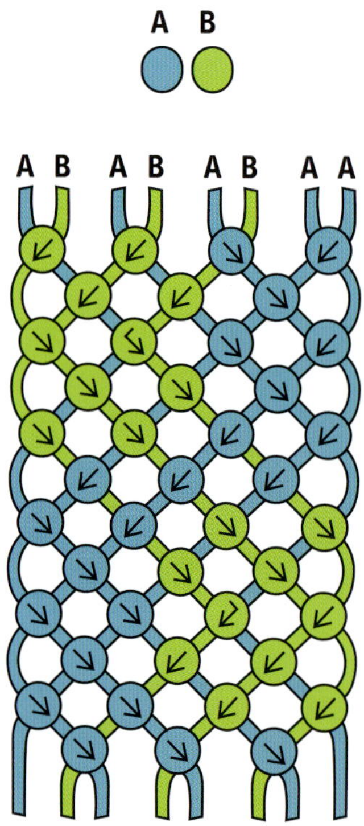

Blümchen

Outdoor-Kids

MATERIAL

- 2 Fäden A, 100 cm lang
- 4 Fäden B, 110 cm lang
- 4 Fäden C, 120 cm lang

Schneide unter Berücksichtigung der Angaben die benötigten Fäden zu. Die Fäden in der im Knüpfmuster angegebenen Reihenfolge auf das Brett legen und mit der Klammer darauf fixieren. Verwendest du den Bändchenhalter, dann sortiere die Farben grob vor, bevor du den Überhandknoten machst. Das Band gemäß Knüpfmuster bis zur gewünschten Länge knoten. Bevor du den Verschluss machst, prüfe nochmal die Länge des Armbandes. Zuerst mit den Endfäden, danach mit den Anfangsfäden den Zopf-Verschluss flechten.

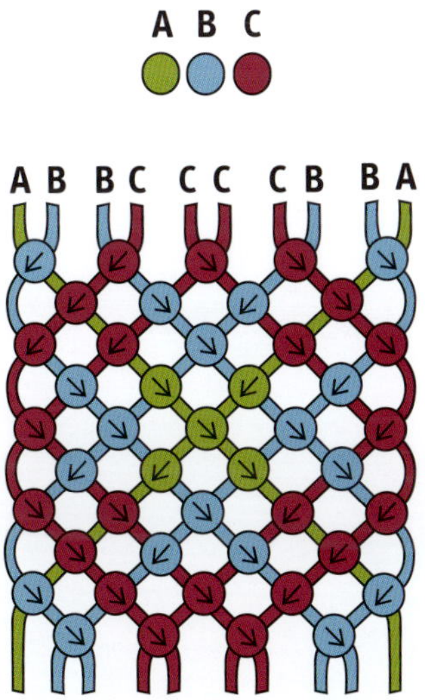

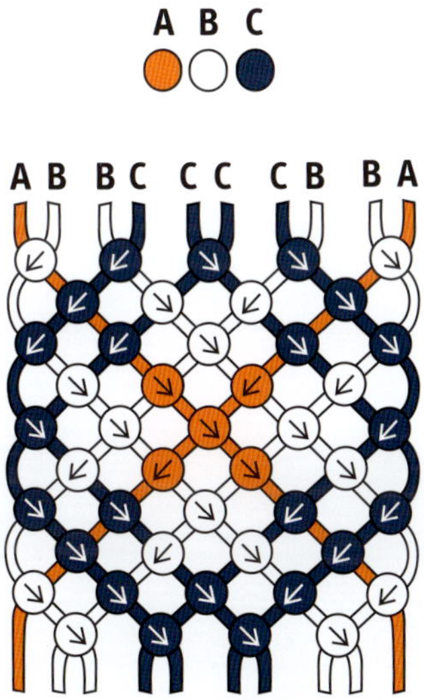

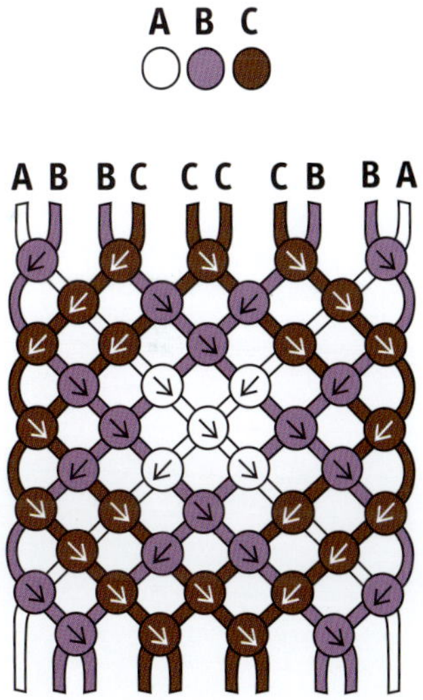

Wellen-Muster

für kleine Seefahrer

MATERIAL

- je 2 Fäden A und C, 140 cm lang
- 4 Fäden B, 90 cm lang

Schneide unter Berücksichtigung der Angaben die benötigten Fäden zu. Die Fäden in der im Knüpfmuster angegebenen Reihenfolge auf das Brett legen und mit der Klammer darauf fixieren. Verwendest du den Bändchenhalter, dann sortiere die Farben grob vor, bevor du den Überhandknoten machst. Das Band gemäß Knüpfmuster bis zur gewünschten Länge knoten. Bevor du den Verschluss machst, prüfe nochmal die Länge des Armbandes. Zuerst mit den Endfäden, danach mit den Anfangsfäden den Zopf-Verschluss flechten.

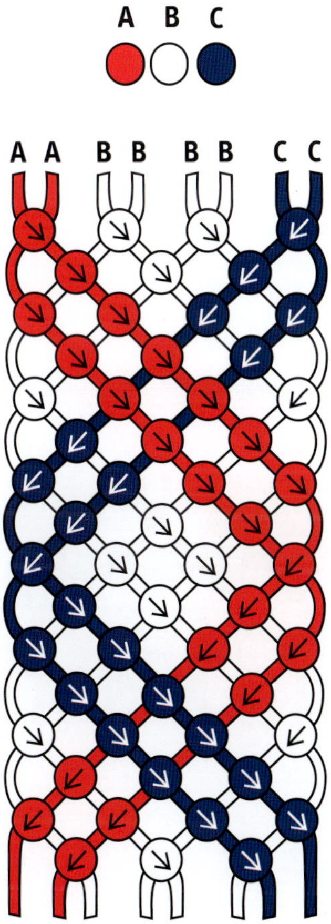

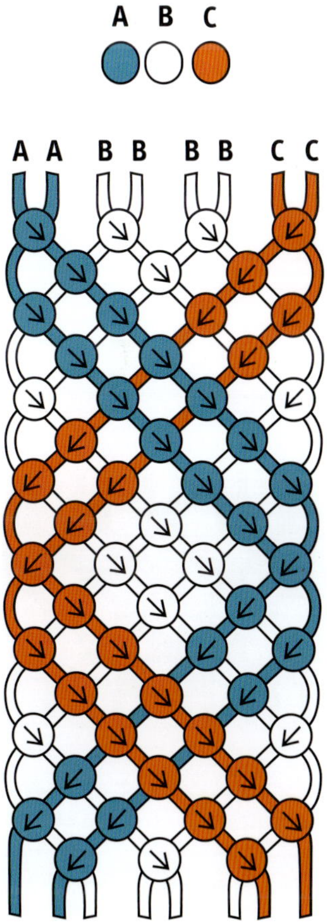

Kreuzchen

das Kreuz an der richtigen Stelle

MATERIAL

- 8 Fäden A, 110 cm lang
- 2 Fäden B, 120 cm lang

Schneide unter Berücksichtigung der Angaben die benötigten Fäden zu. Die Fäden in der im Knüpfmuster angegebenen Reihenfolge auf das Brett legen und mit der Klammer darauf fixieren. Verwendest du den Bändchenhalter, dann sortiere die Farben grob vor, bevor du den Überhandknoten machst. Das Band gemäß Knüpfmuster bis zur gewünschten Länge knoten. Bevor du den Verschluss machst, prüfe nochmal die Länge des Armbandes. Zuerst mit den Endfäden, danach mit den Anfangsfäden den Zopf-Verschluss flechten.

Tipp

Für das blaue Band auf dem Foto ersetzt du die Farben im Muster folgendermaßen: A = Blau, B = Hellblau.

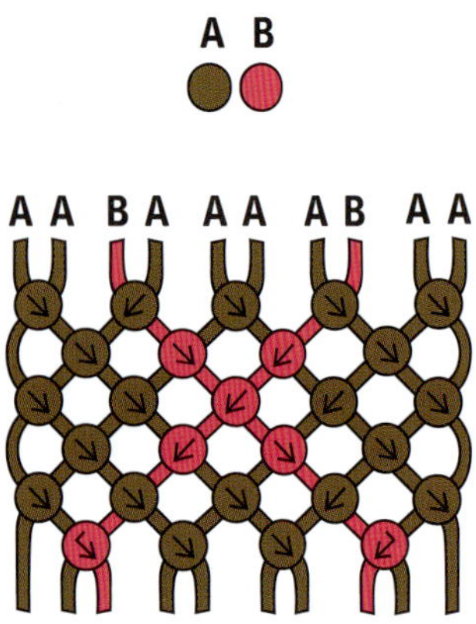

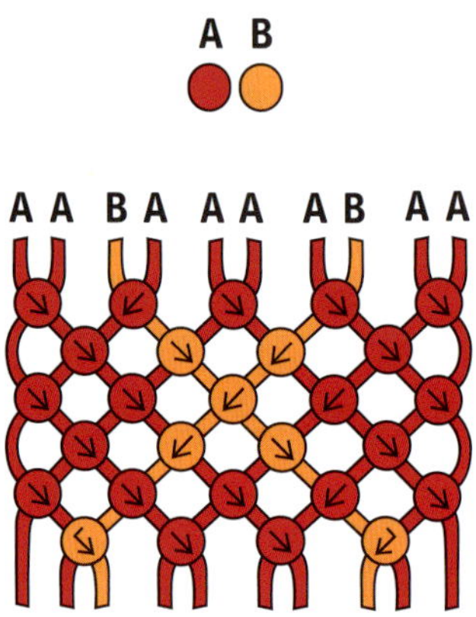

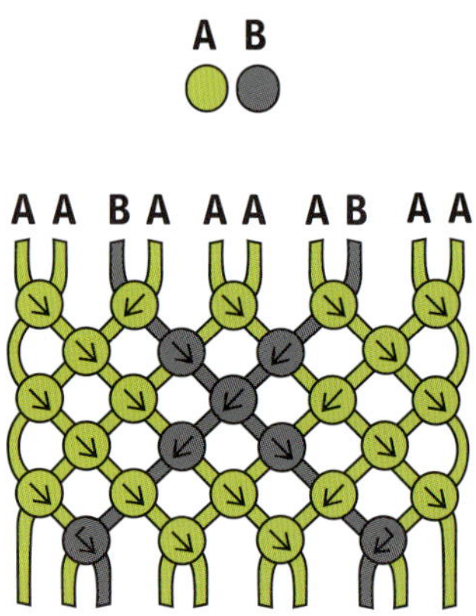

Von Herzen

für die beste Freundin

MATERIAL
- 7 Fäden A, 110 cm lang
- 3 Fäden B, 120 cm lang

Schneide unter Berücksichtigung der Angaben die benötigten Fäden zu. Die Fäden in der im Knüpfmuster angegebenen Reihenfolge auf das Brett legen und mit der Klammer darauf fixieren. Verwendest du den Bändchenhalter, dann sortiere die Farben grob vor, bevor du den Überhandknoten machst. Das Band gemäß Knüpfmuster bis zur gewünschten Länge knoten. Bevor du den Verschluss machst, prüfe nochmal die Länge des Armbandes. Zuerst mit den Endfäden, danach mit den Anfangsfäden den Zopf-Verschluss flechten.

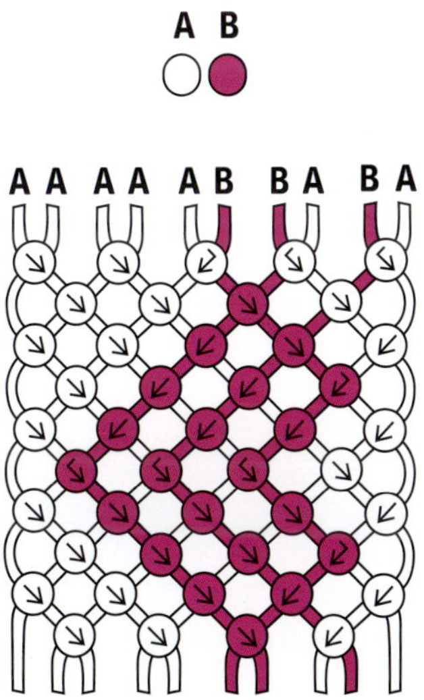

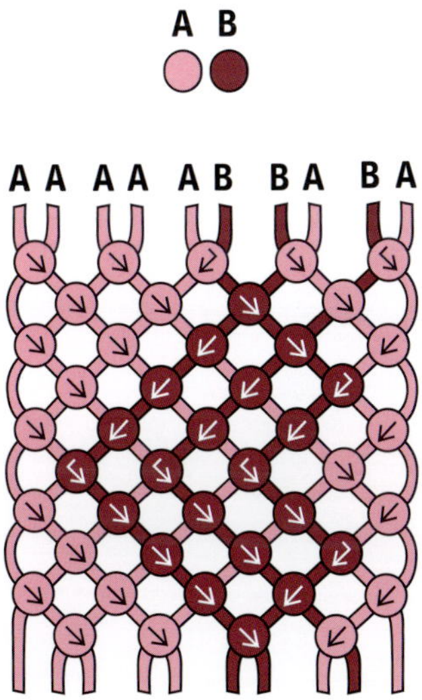

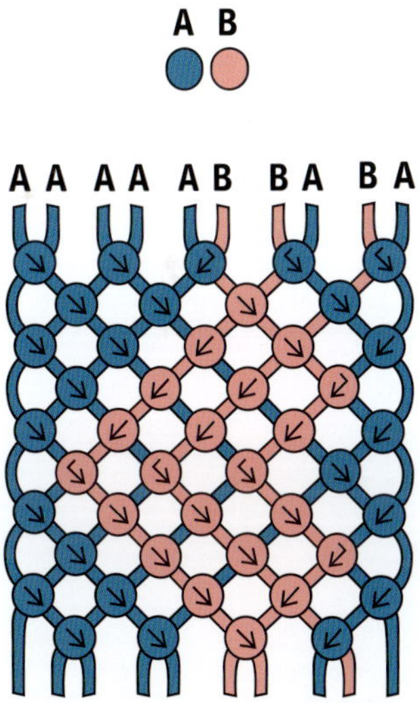

Variante Rautenmuster

Armband in Netzoptik

MATERIAL

- 2 Fäden A, 140 cm lang
- je 2 Fäden B und C, 100 cm lang

Schneide unter Berücksichtigung der Angaben die benötigten Fäden zu. Die Fäden in der im Knüpfmuster angegebenen Reihenfolge auf das Brett legen und mit der Klammer darauf fixieren. Verwendest du den Bändchenhalter, dann sortiere die Farben grob vor, bevor du den Überhandknoten machst. Das Band gemäß Knüpfmuster bis zur gewünschten Länge knoten. Bevor du den Verschluss machst, prüfe nochmal die Länge des Armbandes. Zuerst mit den Endfäden, danach mit den Anfangsfäden den Zopf-Verschluss flechten.

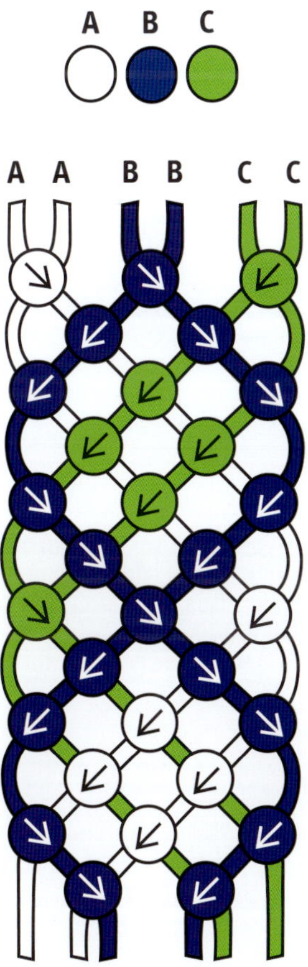

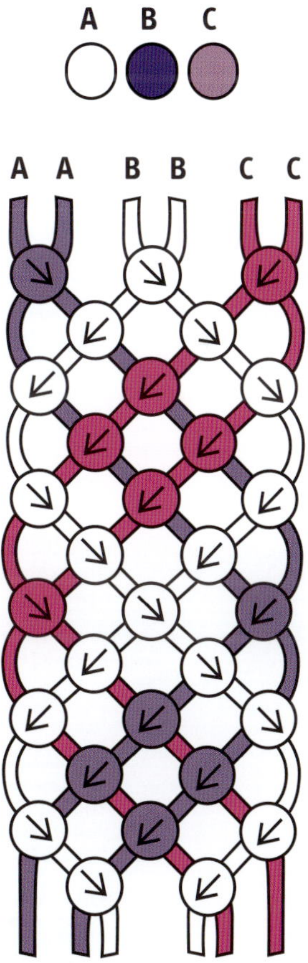

TOPP – Unsere Servicegarantie

WIR SIND FÜR SIE DA! Bei Fragen zu unserem umfangreichen Programm oder Anregungen freuen wir uns über Ihren Anruf oder Ihre Post. Loben Sie uns, aber scheuen Sie sich auch nicht, Ihre Kritik mitzuteilen – sie hilft uns, ständig besser zu werden.

Bei Fragen zu einzelnen Materialien oder Techniken wenden Sie sich bitte an unseren Kreativservice, Frau Erika Noll.

mail@kreativ-service.info
Telefon 0711 / 123 757 20

Das Produktmanagement erreichen Sie unter:

pm@frechverlag.de
oder:
frechverlag
Produktmanagement
Dieselstr. 5
70839 Gerlingen
Telefon 07 11 / 8 30 86 68

LERNEN SIE UNS BESSER KENNEN! Fragen Sie Ihren Hobbyfach- oder Buchhändler nach unserem kostenlosen Magazin **Meine kreative Welt.** Darin entdecken Sie dreimal im Jahr die neuesten Kreativtrends und interessantesten Buchneuheiten.

Oder besuchen Sie uns im Internet! Unter **www.topp-kreativ.de** können Sie sich über unser umfangreiches Buchprogramm informieren, unsere Autoren kennenlernen sowie aktuelle Highlights und neue Kreativtechniken entdecken, kurz – die ganze Welt der Kreativität.

Kreativ immer up to date sind Sie mit unserem monatlichen **Newsletter** mit den aktuellsten News aus dem frechverlag, Gratis-Bastelanleitungen und attraktiven Gewinnspielen.

IMPRESSUM

MODELLE UND ARBEITSSCHRITTBILDER: Sophie Engel & Team (Seite 2 unten); Heike Roland und Stefanie Thomas (alle übrigen)

FOTOS: frechverlag GmbH, 70839 Gerlingen (Seite 9, 10, 30); lichtpunkt, Michael Ruder, Stuttgart (alle übrigen)

PRODUKTMANAGEMENT: Madeleine Fritz, Svenja Weyh

SATZ: Eva Grimme

9. Auflage 2026

produktsicherheit@frechverlag.de
ISBN 978-3-7724-4237-7 • Best.-Nr. 4237